Douanla Fabrice

Poèmes et citations

Douanla Fabrice

Poèmes et citations

L'amour et ses peines

Éditions Muse

Imprint

Cover image: www.ingimage.com

Publisher:
Éditions Muse
is a trademark of
Dodo Books Indian Ocean Ltd. and OmniScriptum S.R.L publishing group

120 High Road, East Finchley, London, N2 9ED, United Kingdom
Str. Armeneasca 28/1, office 1, Chisinau MD-2012, Republic of Moldova, Europe
Printed at: see last page
ISBN: 978-620-4-96331-0

SOMMAIRE

A ma famille que j'aime bien.

A toute personne qui aime sa femme ou son mari.

A celle qui aime ses enfants.

A toute personne qui sait pardonner pour avancer.

A toi qui lis ce document…

« Rien n'est plus beau d'avoir à ces cotes, une personne sur qui tu peux compter ».

Pourquoi l'amour ?

L’amour n’est pas fait pour les hommes faibles.

« Ne dis jamais que tu as réussi en amour. Ce thème n’existe pas vraiment ».

La Famille

Tu es la première personne qui m'accueille quand je viens sur terre,

Tu me réserve toujours une place qui rassure,

Ton hospitalité fait de moi un homme

Tendresse ou fidélité est pour toi une devise,

Tu me donne tous alors que je ne t'oblige,

Au moment où j'ouvre mes yeux pour la première fois,

L'autorité de ma survie est entre tes mains,

Au moment où je ris tu es joyeux,

A l'intérieur tu me nettoies,

A l'extérieur tu me courtois,

Je vais bien quand tu es près de moi,

J'assume les devoirs parce que tu me montres mes droits,

Je ne saurais rien faire si tu t'éloignes de moi,

J'ose croire que tu as aussi foi à moi,

Je ne saurais reste longtemps loin de toi,

L'échec

Comme la lance du chasseur dans la chair de la biche.

Comme le poignard qui nous parvient à la poitrine de façon

Comme un accidenté qui écrit son testament,

Comme un rat coincé par le piège,

La douleur forte fragilise tout ce qu'il lui reste.

Les larmes qui coulent de ses yeux enlèvent tout espoir qui reste.

L'incertitude de pouvoir un jour avancer que de toujours rester.

La flamme qui est en toi ne pense plus rester.

Le manque de pouvoir pour toucher celui qui abat son reste d'espoir.

Danser comme un singe affolé. Tomber comme un bœuf déséquilibré. Tout va mal car tu dois te relever comme un mollusque attaché. Des gouttes de sueurs sur ton visage. Les poches percées. Le ventre vide et plus aplatir qu'une planche. Les lèvres sèches laissent des blessures semblables à une viande sèche. Sans aucun châtiment la mort t'attend ; c'est sûr. Tes yeux levés vers le ciel.

Une goutte de pluie dans les yeux t'oblige à avoir la tête contre le sol. C'est fini, c'est vrai. Ton cœur qui médite « seigneur » sans cesse. Il se fait tard et il n'a plus rien à faire. Ton pied qui manque d'équilibre, ne peut que rester sans rien faire. Gesticule, cris le plus fort possible. Personne à qui donner la main. Tu vas quitter ta chair pour un très long voyage. Vois-tu là-haut la couleur noirâtre du ciel ? Preuve que des routes réelles n'existent pas. Là où tu vas ne t'es pas familier.

Obligatoirement tu iras et sincèrement tu ne reviendras pas. Admire bien la nature et ressens bien encore cet air qui te frappe, caresse ta peau et te rappelle des choses du passé. Le plus dur n'est pas de mourir. D'un côté tu pleures la douleur. D'un autre coté tu voudrais ne plus avoir mal. Vu tout ce que la vie t'avait réservé, la terre te réclame déjà. Ne force plus rien, libère ton âme et repose en paix.

A MON PERE

Tu m'as donné la vie,

Tu as veillé sur ma survie,

Tu aimes me voir m'en servir,

Ton amour vers moi me fait vivre,

Ta présence silencieuse anime ce souffle de vie,

Rappelle-toi quand nous étions allés au village. En rentrant du voyage j'ai vomir sur toi dans la voiture. J'étais tellement attaché à toi au point que je ne pouvais pas résister le fait que tu voyage sans moi. Je me rappelle aussi quand jetais au CEP. À chaque fois que j'avais une bonne note, tu m'achetais une bouteille de jus pour moi seul. Oh, que nous étions bien en cette période-là. Une fois, j'étais allé avec mon grand frère florentin acheter de l'eau de javel et au retour j'ai ramassé un billet de 5000fcfa. Dès notre retour à la maison, je tes remis et tu m'as acheté une bonne chaussure. Jamais je n'oublierais cela. Tous ces fois que tu m'accompagnais à la remise des bulletins à Banka-marché. Tu te rappelles quand tu jouais encore au PMUC avec nous ? Tous à la table chaque soir pour visionner les résultats en t'aidant à jouer. Nous eûmes même joué au damier, à la carte. Il y'avait beaucoup de connexion entre nous en cette époque. Jamais ne j'oublierai mon passé.

Papa, je sais que tu te bats tellement pour nous. Je sais que nous sommes jeunes pour comprendre comment c'est dur d'être un père de 08 enfants. Tu t'es en sortis à basse de rien et par-dessus tout, tu nous as donné la vie. J'aimerai un jour te remercier de tout ce que tu as eu à faire pour moi. Je ne suis un jeune homme sans emploi. Qu'est-ce que je pourrai vraiment faire pour me faire pardonner de tous ces fois où je t'ai offensé. Tous ces fois que je ne t'ai pas obéi.

Oh ! papa, je ne suis pas contre toi. Le problème est que c'est souvent un peu dur de prendre certaines décisions près de toi parce que les critiques te font très mal. Tu n'aimes pas quand tu n'as pas raison. Mais papa, j'ai un problème auquel je n'arrive pas à trouver la solution. Le problème est le suivant : pourquoi tu n'es pas du genre à prendre soin des enfants. Comment un papa comme toi ne reconnait pas sa responsabilité ? Tu n'as toujours rien à nous dire à propos de la sorcellerie qui détruit notre maison ? Ne vois-tu pas en nous des bons enfants ? Ou alors, que feras tu à notre place ? Si nous sommes devenus comme çà c'est à cause du fait que nous avons été éduqués comme telle. Un jour peut-être nous deviendrons des bons enfants. Si la volonté promet le changement. Je sais très bien que nous sommes aussi très durs avec toi. Mais c'est toi qui devrais nous montrer comment bien vivre. Je suis désolé de tout. Car je sais qu'il n'a point d'éducation parfait. Peut-être qu'un jour nous comprendrons ce que tu as à fait comme une élévation.

Si j'ai choisi écrire au lieu de discuter avec toi, c'est parce que tu ne nous donne pas la possibilité de rester avec toi comme un père devrait rester avec ses enfants. Peut-être que tu n'as pas trop de temps, que ton emploi de temps est très chargé. Je ne trouve pas trop de problème au genre de père que tu es et je ne suis moins fâché contre toi. C'est juste qu'un enfant a aussi de fois besoin de savoir que son père l'aime. De savoir qui est vraiment son papa. De comprendre la famille dans laquelle il est né. De savoir qu'il peut compter sur papa. Je ne sais qu'une seule chose ; je ne peux pas faire ressemblance entre mes enfants et celui que j'étais hier. Papa je t'aime et j'aimerais bien que tu changer, que tu sois aussi naturellement fier de toi pour enfin ressentir la joie qu'il Ya d'avoir de bons enfants comme nous.

Bien aimée

Il était une fois, un garçon de Mbouda qui avait longtemps été à la recherche d'une femme, tomba sur le chemin d'une jeune fille du même département que lui. Il était un garçon doux, compréhensif et patient. Cette fille s'appelle Christelle. Leur rencontre fut brusque et elle fit preuve de courage et d'engagement sans toutefois connaitre qui était vraiment ce garçon. Dès qu'il mit l'œil sur elle, tout était à sa place. Rien ne pouvait l'arrêter d'avancer. Elle était celle qu'il avait longtemps cherchée. Christelle paraissait une fille intelligente. Raison pour laquelle elle n'arrêtait pas de poser des questions à ce jeune homme. Elle est d'une beauté rare donc l'apparence est tout à fait à son gout. Car, il l'aime déjà et ne veut pas la perdre. Il a peur que cet amour soit éphémère ou illusoire. Voici pourquoi il était toujours pensif. Elle fut pour lui une première au point qu'il organisa un mariage en 2020 pour unir leur cœur et leur corps, leur amour.

Un jour il devra s'éloigner pour une direction inconnue. Un jour, peut-être deux, il resterait très loin d'elle, très loin de cette créature, donc des souvenirs lui resteraient peut-être implantés. Si un jour viendra où il devrait la quitter ou qu'elle devrait le quitter, il prie que ce soit de la manière la plus sympa. La manière où tous deux devraient accepter sans toutefois en vouloir à l'autre, sans rien regretter du passé.

Oh ! quelle vie de rose,
Une vie où l'amour est plus fort,
Fort et violent que le diamant qui est sur la terre,
Bébé, tu es comme un bagage,
Où sont chargés des roses et du saphir,
Notre vie à deux est comme un voyage,
Ce bagage, je l'emporterai tout le long de mon parcours,
Comme toi et moi sommes ensemble,
Comme l'amour grandit en nous,
Comme ton amour me rassure,
Me garantirais-tu ceci pour la vie ?
Ou alors, que ferais-tu si je dois rester plus longtemps que prévu. Je t'aime
Christelle, tu resteras ma femme et je t'aimerai pour toujours.

Je t'aime

A l'aube, j'observe une fleur. De près, je constate que c'est elle. L'espace vert que je confondais à une végétation était la projection de sa beauté dont la production sera comparable à un bisou. M'accorderas-tu ? Aurais-je l'occasion de m'approcher de toi pour le recevoir ? Tes lèvres mouillées me demandent de m'approcher vers toi ?

Je le dis. Elle hante mes rêves,

Elle, moi se seraient possible ?

Elle, elle que tu es belle.

Ta famille, tes amis t'aiment. Moi aussi je t'aime.

Comme sur un champ de bataille,

Comme dans une compétition,

Un chalenge dont on ne puisse avoir deux vaincues.

C'est toi, c'est toi, c'est toi, pense-tu aussi ?

Serai-je l'élue par ton cœur ?

Cette végétation existe vraiment.

Il fait jour et je suis présent,

Dans cette végétation je te parle. M’entends-tu ? Restes confiant je t'assure.

Comme je m'efforce. Comme je le vois. Je t'assure je gagnerai.

Main dans la main et ensemble ça peut marcher.

Réponds d'un sourire je t'assure, c'est magnifique.

La fierté

Un jour comme celui-ci, une chance que je ne pourrais jamais renoncer.

C'est toi qui es.

Toi qui m'écoute. Mille fois je serai flatté. Deux milles fois je serais reconnaissant. Vu que tu es bonne. Comme tu le mérite. Fais de moi ce que ton cœur te demande. Comme ce soir, et avec ce geste, comment pourrais te renoncer.

Comment devrais-je ne pas voir tous ces efforts émis.

Avec ta main tu donner, Avec ton cœur tu sais aimer.

En ce soir de décembre, j'ai un visage plus clair. Avec cette lumière qui m'anime, je te serais reconnaissant mille fois. Avec la nouvelle année, toi à mes côtés, comment ne pourrais-je pas dire merci à Dieu. Pour cela, j'affirme avec grandeur : j'ai de l'amour pour toi.

Le pardon

Il y a peut-être des temps où je fais des erreurs.

Il y a peut-être de fois où je suis un peu confus, où je fais des choses avec légèretés, c'est vrai.

J'ai souvent fait des bêtises. Mais une chose est sure Christelle, je n'ai jamais eu envie de regarder à coté de toi parce-que je ne veux que toi. L'ange dont tu parles ne veut point ton mal.

Bébé, si je suis avec toi, c'est parce que je veux le présent et le futur. Pour cela, point d'erreurs ne seront causées par moi dans la mesure de nous séparer. Si depuis ce temps je n'ai rien pu faire. S'il m'a fallu des années pour trouver une mignonne fille comme toi, pourquoi devrais-je tout perdre ? Non, je suis à toi. Car je ne voudrais que ton bien. Oui, oui, oui, la vérité est que nous serons toujours ensemble. Tu as tore si tu dis le contraire. Chérie quel est ton plan ? Dis-moi que tu m'aimes. Parle-moi avec ton cœur. Les moments à partager ensemble seront toujours animés par la flamme de mon cœur. Tu me satisfaits et j'ai besoin de rien d'autre que je toi.

« « Rien n’est encore perdu quant on peut encore un peu se battre ».

Notre futur

L'enfance passe. La jeunesse prend sa place. La vieillesse la remplace. Et la mort fait le bilan. La vie est courte. Le jugement est long et le védique est éternel. Alors, multiplions nos bonnes actions et ne faisons que du bien. Car, nous ne sommes qu'au début. Tu es pour le bien ce que l'oxygène représente pour le monde

Le soutien d'amour

J'avancerais tant que tu existeras et j'arriverai jusqu'au bout de ma vie si tu demeures à mes côtés. Quand je te regarde, c'est l'éclair du soleil que je vois. Et quand je me réveille, ta voix souffle dans mes oreilles : « bonjour chéri, as-tu bien dormi ? ».

Le langage de mon cœur

Je t'aime comme l'abeille aime son miel. Comment exprimer cette émotion que je définis comme une passion qui me comble de friction quand tu me parles. Tu as peut-être souvent peur. Tu doutes souvent de nous ? Bébé soit tranquille. Mon amour n'a pas de limite et mon cœur est à toi. C'est vrai : je te désire, je te fantasme, j'ai envie de te faire voyager jusqu'au 7ème ciel. Sois sans crainte et tant que la confiance, le respect, la fidélité et l'amour seront réciproques, le progrès et le bonheur règneront parmi nous. Ce BTS qui te hante est déjà dans ta tête. Le moment venu, tu reproduiras sur une feuille et le babillard parlera de toi. Courage mon amour. Fabrice n'est rien. Mais avec toi, il ira très loin. Si tu l'abandonne, peut-être qu'il sombrerait et peut-être jamais il ne se réveillerait. C'était le langage de mon cœur. Tu détiens la clé d'entrer et moi, la clé de sortir.

Je suis désolé

Hier comme toujours je ne t'ai pas compris. Tu n'acceptes pas ton bonheur. Un bonheur dont j'y veille efficacement. Hier comme avant-hier tu ne m'as toujours pas écouté. Suis-je un dernier. Je veux aussi que quelqu'un m'écoute. Je veux que tu m'écoutes. S'il te plait écoutes moi. Hier j'ai eu mal. Aujourd'hui j'ai peur de devoir continuer sans toi. J'ai plus de force pour te soutenir dans ce sens. Avec ma voix je t'ai conseillé. Avec mon cœur je t'ai montré l'amour. N'es-tu pas celle que j'avais pensée ? Femme que tu es. Ecoutes-moi. Ne gâche pas tout. Combien de fois devrais-je te demander de laisser décoller cette union. N'as-tu pas déjà assez perdu de temps ? Dans combien de temps seras-tu prêt ? J'ai mal dedans. Mais je t'aime très fort. Après deux ans tu me demandes de te donner encore du temps ? Le temps est devenu rare où je viens. Je me suis longtemps abandonné à lui et aujourd'hui me voici.

Je veux pleurer et les larmes ne coulent pas parce-que je suis un homme. Je veux te quitter mais tu es celle que je veux. Connais-tu ce que tu es en train de faire.

Vois-tu où nous en sommes aujourd'hui ? Cette vie n'est pas la tienne. J'ai peur de toi. J'ignore qui tu es. L'animal qui est en toi nous empêche de vivre.

Quitte-moi. Tu ne peux pas me comprendre.

Quitte-moi. Tu ne veux pas modifier ta façon de vivre.

Quitte-moi. Je te critique trop.

Quitte-moi, je ne supporte plus tes comportements.

Je veux bien encore te donner du temps. Mais, mon âge ne me permet plus. J'ai déjà trente ans.

Je veux que tu changes.

Je veux que tu restes.

Je veux que tu m'écoutes.

Je veux que tu sois une femme naturelle.

Dis-moi quelque chose. Je ne sais plus quoi te dire. Mon cœur pleure. Car il laisse couler du sang dans mon ventre. Je te demande de retrouver la bonne personne qui se cache à l'intérieur de toi. Celle de l'extérieur détruit tout. Reviens-moi chérie. J'ai besoin de toi.

Ma vie est brillante

Ma vie est brillante. Mon amour est pur. J'ai vu un ange noir. Je suis sûr. Il était avec un autre homme. Mais je ne perdrai aucun sommeil sur ce fait. Cause que j'ai un plan.

Vous êtes beau, vous êtes beau, vous êtes beau, il est vrai. J'ai vu votre visage dans un endroit serré, et je ne sais pas quoi faire. Cause que je ne serai jamais avec vous.

Oui, elle a attiré mon attention. Et j'ai marché tout près. Elle Pourrait voir de mon visage que j'étais, volant haut. Je ne pense Pas que je la reverrai. Mais nous avons partagé un moment qui durera jusqu' à l'extrémité.

Vous êtes beau,

Vous êtes beau,

Vous êtes beau,

Vous êtes beau,

Il est vrai.

J'ai vu votre visage dans un endroit serré, et je ne sais pas quoi faire. Cause que je ne serai jamais avec vous.

Vous êtes beau,

Vous êtes beau,

Vous êtes beau,

Vous êtes beau,

Il est vrai.

Elle doit être un ange avec un sourire sur son visage. Elle a pensé vers le bas que je devrais être avec vous. Mais il est temps de faire face à la vérité. Je ne serai jamais avec vous.

Le chagrin d'amour

Me voici devenu seul

Ma vie est devenue une solitude,

Malgré mes efforts tu as fugué,

Mes espoirs se sont évaporer dans la nature,

M'as-tu vraiment quitté pour toujours ?

Seul dans ma chambre je ferme les yeux,

Sans toutefois attendre j'ai envie de rejoindre les cieux,

Sentimentalement j'ai mal et je suis malheureux

Ses souvenirs hantent mes journées et me faites couler la sueur,

Son visage était pour moi un lieu de refuge des courageux,

Sans lui, ma vie baigne dans une hécatombe dangereuse

J'ai écouté ta voix quelque part en ville

Je n'ai pas pu supporter de rester tranquille

J'écoutais en me dirigeant vers l'ambiance sonore sensuelle,

J'étais tout près de toi quand tu lui disais qu'il est un bon mâle,

J'étais toujours là quand ta main droite se baladait sur son visage quadrillé,

Je n'ai pas pu supporter te voir entre les mains d'un autre homme stylé,

Cette curiosité a fait de moi l'homme le plus ridicule,

Ce courage m'a montré que cet amour avait deux visages ridicules,

C'est uniquement parce que je l'aimais tellement que mon cœur neige du soleil,

Ces regards vers moi étaient maquillés,

Cette jeune fille a brisé mon cœur sans dans une cuillère fermée,

J'ai été pour elle une clé de sortir,

J'ai fait le maximum pour qu'elle soit heureux à l'intérieur lorsqu'elle voulait sortir,

Mes yeux coulent les larmes sur mon visage et mon cœur veut sortir,

Supporter devient aussi dur que je dois laisser me laisser venir les amours,

J'ai toujours cru que le corps de l'homme appartenait à une seule femme,

Je réalise que j'ai laissé longtemps l'imaginaire me sortir de la réalité.

Citations de vie

- L'homme n'est pas condamné parce qu'il n'a pas fait des erreurs, mais parce que le tore lui a été épargné.
- Certaines personnes ont peur de prendre leur responsabilité parce qu'ils s'attachent plus à leur droit et ignorent leurs devoirs.
- Si tu peux te battre pour ta personne, bats-toi bien. Donne tout ce que tu as. Oublis toi-même pour cette personne et tu auras bien faire ton devoir. Attention !!! si par revanche vous vous sentez mal accueillir et même menacer, tout abandonner et repartir de nouveau peut-être une bonne solution.

- 'Quel que soit le mal qu'autrui vous a causé, restez humain et apprenez à recevoir et à pardonner. Car chaque jour qui passe rapproche homme de la mort. Nous répondons un jour de tous les maux que nous avons causés'.
- 'Ne me donne rien mais ne me prend pas tout. Ne me dis rien mais comprend moi. Tue-moi ; car tu mourras aussi un jour. Le jour de ta

mort, ce ne serait pas moi que tu verras devant toi. Tu mourras et ton âme mourra aussi.'

- 'La peur est le plus grand ennemi de l'homme. Abaissez votre peur, affronterez votre vie et peut-être comme vous avez essayez, vous réussirez. Attention ! Affronter n'est pas synonyme de remporter. Et gagné n'est toujours pas la solution'.
- 'Les familles heureuses se ressembles tous et les familles malheureuses sont malheureuses chacune à sa façon'.
- 'Ne laisser jamais que les autres vous réduisent à zéro. Ils ne vous qualifient de rien peut-être à cause de ce que vous avez fait. Mais, comment comprendre que vous avez jugé et condamné une personne sans qu'elle soit présent ?'
- 'Il arrive des moments dans la vie où l'on s'éloigne de ses mérites au profit des autres afin de s'oublier géométriquement de ce qui est de doit. Faire valoir ses qualités de manière continuelle est une bonne solution. Dans le cas contraire, on n'avait pas vraiment été authentique.'
- 'Faut jamais vous privez de ce dont vous êtes à la hauteur. Éviter de toujours mettre autrui au-dessus de nous.'
- 'Il est très facile d'avoir quelque chose, car on l'a voulu. Mais il ne suffit pas de vouloir pour la garder.'

- ‘Savez-vous pourquoi les hommes se trahissent, se quittent, se volent, se tuent ? Parce qu’ils voient loin et le monde est fait des couleurs pas bonnes du tout.’
- ‘Les hommes sont parfois incompréhensifs. Mais Sans cette incompréhension, la vie aurait été moins belle.’
- ‘Le plus dure n'est pas de savoir qu'on va trépasser un jour. Mais pourquoi sommes-nous appelés à trépasser alors que la vie est si belle.’
- ‘Le mieux serait de vivre avec un cœur plein d’amour, même-si cette amour n’est pas partagée, que de vivre avec un cœur plein des choses mal aimées.’
- ‘L’amour est le seul grand bien capable à guérir les choses inguérissables. Qui parle d’amour parle de vie. Nul ne saurait réellement se sentir bien avec un cœur malade.’
- ‘Aimer c’est vivre et souffrir c’est murir.’

$$1+1=1$$

Tu avais juré de m'aimer jusqu'à la fin de tes jours…

Tu m'as laissé pour un autre homme…

Aujourd’hui, je dois me chercher ailleurs…

Je t’ai aimé…

Je ne savais pas…

J'accepte que tu m'aies trahi…

REFERENCES BIBLIOGRAPHIQUES

- DOUANLA FABRICE, la *famille : 6500 millions de m3 de larmes en 22 ans*. Edition Union Européenne.29-11- 2022. 52 pages.
- Emile Zola, *une page d'amour*,1878
- Guillaume Apollinaire, *Alcools*. 1912
- Jean Racine, *Andromaque*. 1668

Printed by Books on Demand GmbH, Norderstedt / Germany